창조문학대표시인선 · 198

씨줄과 날줄의 인연

전영란 시집

창조문학사

□ 시인의 말

시의 옷을 입히며

나의 옷을 벗는다. 시를 한 편씩 쓸 때마다 내가 한 꺼풀씩 벗겨지는 느낌이었다. 이렇게 한권의 시집으로 엮고 나면 알몸을 공개하는 것 같은 수치심이 따라 올지도 모르겠다. 누구에게 보여주기 위한 글 보다는, 내면의 것들을 꾸밈없이 진솔하게 내어놓으려 노력했다. 그리고 역기능 가정에서 성장하면서 쌓여 있었던 방어기제들이 햇볕으로 나오기를 갈망했다. 이제 그 자리가 진리로 채워져서 성숙한 모습으로 살아가기를 바래본다. 공평하신 조물주는 말이 어눌한 나에게 글을 쓸 수 있는 달란트를 주셨다. 다섯 달란트를 받은 종처럼 많은 유익을 남기는 종으로 설 수 있었으면 좋겠다.

묵묵히 바라보며 든든한 버팀목이 되어준 남편 김주식 장로와, 늘 바쁘다는 핑계로 살뜰히 살펴드리지 못한 어머님. 사위 박재학, 딸 김보혜, 아들 김성진, 손녀 박예원, 예진에게 사랑하는 마음과 미안한 마음으로 첫 시집을 바친다.

이 길에 인도자가 되어주신 새롬 교회 이훈식 목사님과, 창조문학의 홍문표 총장님과 이영지 교수님, 편집부 직원들께 감사드린다.

섬기는 교회 30주년을 맞이하면서, 지난 30년 동안 함께 웃고 울어준 성도들에게도 감사드린다. 또한 지난 4년간 방송대를 공부하면서 손녀들을 돌보느라 어려움이 많았지만 무사히 졸업을 할 수 있었던 것은 문우사랑 동기들 덕분이었다. 이 지면을 빌어 그들에게도 감사한 마음을 전한다.

2009년 노벨문학상 수상자인 독일의 헤르타 뮐러는 '문학은 불행을 말 할 수밖에 없고 그 안에 불행이 반드시 있다'면서 동시에 '문학은 위로를 준다. 고통을 말하지만 위로도 덤으로 준다'고 했다. 더불어 '문학은 가벼운 주머니로도 만날 수 있는 심리치료사' 라고도 했다. 이제 첫 시집을 내면서,

비록 졸작이지만 나의 시가 사람들 마음에 꽃씨로 심겨져서 용서와 위로의 꽃으로 피어나기를 소망한다.

2012년 3월

등촌동에서 전 영란

□ 서문

스스로 바람이 된 시어들

시인 이 훈 식

운지 전영란 시인의 첫 시집『씨줄과 날줄의 인연』출간을 진심으로 축하한다. 작가마다 답이 다 다를 수 있지만 결국 시를 쓴다는 것은 안병욱 교수의 말처럼 자아성찰의 길이고 배설의 기쁨이기도 하다는 말에 이의를 달 사람은 없을 것이다. 요즘은 시인은 많으나 시집이 잘 팔리지 않는 풍요 속에 빈곤 시대라고 말 한다. 그렇게 된 원인은 여러 가지로 조명해 볼 수가 있겠지만 넋두리 같은 시. 또 시인들만을 위한 시, 작가 자신조차도 잘 모를 것 같은 난해한 시들이 난무하므로 아마 독자들을 멀리하게 만들었는지도 모르겠다는 생각을 해 본다. 저마다 다 얼굴이 다르듯이 작가마다 추구하는 시풍이 다를 수밖에 없다는 것에서부터 우리는 출발해야 한다. 어떤 시는 좋고 어떤 시는 나쁘다며 오직 자신의 눈높이로 남의 작품을 평가하려는 것은 문학이 가야할 방향이 뭔지 모르는 무지의 산물일 수도 있다.

그렇다면 운지 전영란 시인의 시제는 뭘까? 한마디로 얘기 한다면 절대자 앞에 선 시선이고 속된 것으로부터 탈출 하고자 하는 정서이다. 인간에게 있어서 가장 소중한 기억은 때 묻지 않은 사랑일 것이다 그 사랑은 바로 고향이고 어머니이며 우리 속에 깊이 내재되어 있는 그리움이다. 시란 마음속에 그려지는 그림을 언어라는 도구를 가지고 표현하는 장르라고 볼 때 전시인의 작품 속에서는 때 묻지 않은 순수의 세계와 고운 심성이 다양한 모습으로 나타나 있다. 이제 봄바람이 따스하게 불어 올 날도 멀지 않았다. 시를 통해 자신을 선명하게 드러내는 작업이 결코 쉬운 작업이 아닌데도 불구하고 바쁜 환경 속에서도 다시 회복하고 싶은 자아. 어떤 환경에서도 꿈을 버리지 않고 정진하는 모습들이 너무 아름답다. 시작은 미약하나 나중에는 창대케 되리라는 말씀처럼 현재에 만족하지 말고 인간의 아름다운 가치가 상실되어가는 세상에서 연민으로 중병을 앓아도 모든 사람을 마음껏 비상케 할 수 있는 시인이 되길 기원해 본다.

씨줄과 날줄의 인연

전영란 시집

| 차 례 |

제 1부 / 어둠속 길을 내며

제 2부 / 그리움을 베고 눕고 싶은 곳

제 3부 / 가슴에 박혔던 이름들

제 4부 / 내 기억 속 환한 웃음

제 1부
어둠속 길을 내며

밤 길

칠흑 같은 밤하늘에
당신 닮은 별 하나
달빛 한 자락 끌어안듯
여민 가슴을 열면
사랑도 별이 된다고
아프게 손짓 합니다
세상 끝날 까지
곁에서 지켜볼 거라는
당신 생각에
돌부리에 비틀거리면서도
하늘만 쳐다봅니다.
앉고 일어섬을
다 알고 있는 당신께
달려가는 가슴
눈물로는 그 아픔을 셀 수 없기에
못 박힌 자리에
별로 떠 있는 사랑을 보며
터벅터벅 걷습니다.

간구

함께 눕고
함께 일어나면서도
만져지지 않는 그리움으로
허기지던 시간
요나의 표적 밖에는
구하지 말라는 당신의 애절함이
가슴에 알알이 새겨집니다.
하루가 천년 같고
천년이 하루 같다는
몸 밖의 세상
이 땅에 어린 양되어
십자가에 못 박혀 돌아가시기까지
나를 사랑한 당신
행여나 서글픈 눈물로
그 아픔이 내 안에서 지워질까봐
제대로 무릎 꿇지 못합니다.
주체할 수 없는 육신의 분화구
당신 품에 재워 주시고
타는 불꽃 속에서
부디 나를 품어 주소서.

고난의 길(비아돌로로사)

하늘도 폭삭 내려앉은 날
예루살렘 여인들의 가슴 찢어지는
낮은 비명이
골목을 무섭게 삼키고 있다

한 사람이 쓰러질 듯 걷고 있다
무거운 십자가
가눌 수 없이 지친 몸
어디로 왔다 어디로 가는 것일까
베로니카, 울면서 젖은 손수건을 건넨다

정적에 쌓인 골고다 언덕
못 박히는 소리,
피가 온 세상을 향하여 분출한다.
성전 휘장이 찢어지고
어디선가 굶주린 어둠이 몰려온다.
뼈마디마디를 다 셀 수 있는 고통
하늘을 향한 울부짖음
엘리 엘리 라마 사박다니

하늘과 땅 사이

물과 피 한 방울까지 다 쏟았다
뒤 따르던 여인들의 눈물로
온 세상을 적신 시간
검은 옷을 입은 무지한 병정들은
빼앗은 옷을 찢어 가지며
암흑의 역사 증인됨을 몰랐다

참담했던 그 해 봄
참 사람이 죽음으로
사망에서 해방된 모든 영혼에
등불 하나씩 매달았다.

태양

잠 못 이루던
샛별들이 멀어져 간 자리
뜨거운 가슴으로
어둠 속 길을 내며 깨어난다.
수런수런 이슬 머금은
사랑 이야기가
눈부신 햇살에
반짝반짝 물이 드는 꽃밭
벌 나비 유혹을 견디지 못하고
살랑살랑 초록들은 춤을 춘다.
살아 있는 모든 것에 기쁨이 되고
생명의 근원이며
하루의 시작과 끝이 되는
지구의 중심인 너
한낮 피조물임을 알기에
자신을 내려놓고
붉은 노을로 질 때마다
눈부신 부끄러움
하늘은 온통 핏빛이다.

당신을 만나고

찬바람 한 줌 움켜쥐고
부표처럼 허공을 떠돌던
숭숭 구멍 뚫린 가슴에
당신은
안아주시고 얼러주시던
내 아버지처럼
따스한 햇살로 다가오셨습니다.
찢긴 상처투성이의
당신을 만나고
신열에 들떠 누워있는 것은
당신의 신음 소리가 내 심장에
꽂혀 있기 때문입니다
가슴속에 흐르는 당신이여!
안락의 기쁨도 버리라 하시고
누군가에게 유익한 사람이 되라는
당신 당부를
미풍이 스쳐 지나가며 속살거립니다.
끝내는
세상으로부터 한발 물러서
숨골마다 박히는 울음
혀끝이 갈라지도록

외로운 밤에
별빛도 가끔은
혼자 운다는 것을 알았습니다.

몸살

춥고 긴 겨울 내내
온실 속의 화초처럼 살다가
콧등을 간질이는 봄기운에
바람 되어 다녀왔습니다.
여의도를 지나 한강을 건너
도심 속으로
세상 속으로
직선과 곡선이 반복되는 어지럼 속을
한참이나 헤매다가
낯가림이 심한 심장이
그만 아우성을 치는 바람에
열병으로 누워 버렸습니다.
더운물로 씻고
화학제 몇 알을 밀어 넣고
일찍 자리에 누웠는데
어김없이 머리맡에 찾아오신 당신
죄 없이 처절하게 찢기고도
묵묵히 견디던 당신 모습에
화들짝 자리를 털고 일어섭니다.
내 안의 불을 끄고
바라본 당신은

내 피를 끓이고도 남을
삶의 명약입니다.

가장 좋은 것을 주시려는

엄마 닭을 뒤쫓는 병아리처럼
당신 손에 이끌려
세상에 얼굴 내밀던 날
봄을 시샘하는 쌀쌀한 바람이
앙가슴을 파고들어도
한 걸음씩 열리던 세상
따스한 침묵이 햇살로 비쳤습니다.
가장 좋은 것을 주시려는
그 마음이 훤히 보여
죽을 것 같은 아픔을 안고서라도
십자가 아래
붉은 꽃 피우기를 바래봅니다
당신의 애틋한 사랑 한 자락
닮고 싶은
명치끝에 멍울진 그리움
한조각 구름으로 두둥실 떠갑니다.

부활 그 후

무릎 꿇었던 시간이 지나면
우리들은 계란을 먹는다.
예정된 일상들 속에
반복되는 물음의 시작과 같다

빛으로 왔으나
그 빛을 깨닫지 못하는 어리석음
교회는 아직도 길 찾아 헤매고
눈을 뜨고도 보지 못하는 사유로
온 세상이 캄캄하다

탄식의 하늘
자아를 다시 십자가에
못 박을 때마다
입술 꼭 깨무는 눈물

내 생의 시간표는 이제
당신 것이라고
높은 깃발을 흔들어 보지만
천국엔 입술만 가득하다.

사유(思惟)

말하기는 더디 하고
듣기는 속히 하라.

마음이 통하면 마음의 길이 생기고
눈이 통하면 눈길[眼道]이 생긴다는데
정수리를 맴돌다
가라앉는 사유 앞에
칡넝쿨에 발목 잡힌 듯 허둥거린다.
지문이 다르듯 누구나 다른
자기만의 인식의 틀
물속에 감춰진 거대한 빙산의 실체처럼
잠재된 무의식의 세계가
또 다른 이유로 나를 존재케 한다.
나의 허물의 안경을 벗고
당신 안경을 대신 끼워보며
가만히 가슴으로 듣는
당신 목소리

어둠으로 젖은 수줍은 마음에
내 사랑의 다비식
타다 남은 심지에 불을 밝힌다.

새벽

어스름한 불빛
두 손 모으고 무릎 꿇었다
허락하신 새로운 날로 인해
빛을 다시 볼 수 있음에
모든 게 감사이다.

내 어머니의 어머니가 그랬던 것처럼
또 내 어머니가 그랬던 것처럼
터진 솔기 박음질하는 마음으로
가슴을 열면
이 하늘과
이 땅 가운데
이름을 부르게 해 주신 기쁨이
순백의 의식으로 젖어든다

높고 낮음이 없으며
무겁고 가벼움이 없는
당신의 눈금
가난의 계절을
풍요의 계절로 이루게 하시는
당신의 뜻이 햇살로 퍼진다.

빨래를 삶으며

세제도 버무리고
표백제까지 넣었다
찌든 육신과 정신까지 넣고
뚜껑을 닫았다

보글보글 넘실거린다
짓무른 묵은 때들은
하나 둘 이탈의 의식 제 색깔을 찾는데
동거하던 방어기제들은
울며불며 끝까지
부둥켜안고 있다
처음 입맞춤하던 때
벌거벗어도 부끄럽지 않았던
그때의 모습이 그리워진다

아직도 말씀이 육화 되지 못해
부글부글 끓다 만 영혼
아마도 못다 한 이야기가
너무 많은가 보다.

승리의 날(부활)

세상 끝 같은 어둠
바람 한 점 들어오지 않는
텅 빈 시간
무덤을 지키던 병정들도 넋을 잃었다

어둠의 그림자마저
숨을 멈춘 곳
예언을 알지 못했던 여인들은
향품을 들고 무덤을 찾았다

빛과 어둠의 경계
절망만이 꿈틀거리던 자리
오직 사랑 하나만을 위해
피 흘리며 누우신 분
빛이고 길이었음을 몰랐다.

보라, 우리를 위해 고난을 받으시고
우리들을 위해 죽으신 분

"시체가 없어졌다"
혼미한 정신

죽어 있던 세포가 다 일어서며 외친다.

천사가 말한다
'그가 죽은 자 가운데서 다시 살아나셨다'
그분은 마침내
모든 이름위에 중심이 되었다.

예전엔 미처 몰랐었네

푸르디푸른 녹음이 쏟아지는
고요한 공원을
한 조각구름처럼 거닐다
문득 나는 보았네
한 떼의 참새들을.

막 떠오른 신선한 햇살에
깨금발 뛰며, 꽁지를 까딱거리다
묻지도 않은
빛나는 노래들을
맑은 하늘로 올리고 있었네,

그 광경이 하도 신기하여
바라보고 또 바라보았네.

한 번도 물은 적 없는 당신께
어린아이 떼를 쓰듯
날마다 재잘거리는
낯선 참새 한 마리, 바로 내가
희한하게도 그곳에
섞여 있었네.

예전엔 미처 몰랐었네.
당신의 마음이
기쁨의 새떼처럼
항상 날 향해 날개 퍼덕이고
있었다는 것을.

죄책감

선한 의도에서 시작했다가
결과가 좋지 않다는 생각에
사로잡힐 때면
부끄럼이 가슴을 긁으며 목을 조인다

시도 때도 없이 살밑을 파고드는
불면의 뿌리
지쳐 쓰러질 때까지
덮쳐오는 원죄의 끈질긴 아픔

우스 땅의 욥을 괴롭히는 사단같이
방황하는 파우스트에게
어둠으로 속삭이는
메피스토텔레스 같이
마셔도 마셔도 목마른 영혼

무서운 두 눈을 부릅뜬
돈키호테의 거대한 풍차가
내 안에서 돌아가고 있다.

내려놓으라

어린 손녀에게 먹기 좋게 자른 사과를 쥐어준다. 윗니 4개 아랫니 4개로 씹다가 목에 걸릴까 봐, 새로운 것으로 주기 위해 '주세요' 해보지만 아이는 필사적. 빼앗기지 않으려는 방어가 치열하다. '내려놓으라' 는 하늘의 소리, 빈 마음을 채우려는 소유욕 때문에, 나의 내면과의 싸움에서도 피가 흐른다. 움켜잡은 것을 당장 놓으면 큰일이라도 날 듯, 전전긍긍, 전투는 상당히 난감하다.

다시 '주세요.' 해 보지만 앙탈이 심하다.

손녀는 할미 마음 모르고
난,
더 좋은 것을 주시려는 그분 마음 모르고...

잡고 있는 걸 내려놓아라.
하지만
머리와 가슴은 따로따로
하늘과 땅의 경계가 모호하다.

울보

마취제를 삼킨 달팽이관이
눈을 뜰 수 없는 어지럼증으로
정신 줄을 빼으려 달려들 때마다
혀끝 갈라지는 아픔 속에서
묵묵히 바라보고 계시는 당신을 만납니다.
그토록 처절하게 쏟아 주고 가신
피 흘린 모습
내 가슴에 둥지 틀고 들어앉아
견딜 수 없는 삶은 없다고
비 개인 뒤 금빛 햇살을 보라고
침묵으로 깨우치고 계시는 당신
어떻게 하여야
당신 뒤를 따를 수 있을지
가늠 할 수 없는 무게 때문에
그냥 목이 메입니다.

심판의 날

남을 판단하는 사람은
감정도 이성도 없는
무채색 사유의 어두운 가슴으로
자신을 감금하고

분화구 같이 부글거리는 욕심을
두려움의 보자기로 싸맨
성숙하지 못한 내면이며

헐벗은 자아를 저울질하다
남은 기억마저도
하얗게 지우고 사는
길 위의 여인이다

날마다 빛나는 채찍으로
천상의 소리를 들을 수 있다면
하늘에 쌓을 상급은
오직 믿음 하나

행위의 수심을 재는
의로우신 심판의 날
바로 문 밖에 있다.

하늘의 소리

시작과 끝이 같은
차가운 이성보다는
모질지 못한 어눌한 감성으로
살기를 갈망하는 시인에게

'주목하라!'
전 생애를 사로잡는
열린 하늘의 소리

당신에게 나는 누구이기에
허접한 나를
내 것이라 하시는지
처절하게 갈망하는
격정의 뼈를 꺾고
말씀으로 채우라 하시는지
연약한 가슴
문신으로 새겨지는
알 수 없는 당신 눈금에

뒤뚱뒤뚱
시린 계절을 건너갑니다.

성탄 아침에

미리 약속이나 한 것처럼
바람난 마음
안절부절 못하고 있다
연가는 강물처럼 흐르고
머릿속은 만남으로 가득하다
무슨 예물을 준비할까
무슨 옷을 입고 갈까
생명과 빛으로 오신
당신께 경배하러 가는 길
어느 곳에도 안주하지 못하고
부표처럼 떠도는
스산한 가슴에
너는 내 딸이다
내가 너를 사랑한다
불을 지피신 당신
그 누구에게도 보여주지 않았던
꽃술 같은 가슴 하나
샛별같이 오신 당신께
꺼내드리려 달려갑니다

제 2부

그리움을 베고 눕고 싶은 곳

고향

무엇이 그리 바쁜가
어스름한 새벽
붉은 기운을 온 땅에 퍼뜨리며
솟는 해가 묻는다
바람도 쉬어가는
여기 산자락 바위틈에
그리움을 베고
드러눕고 싶은데
바람의 밧줄에 삶을 걸고
거대한 현실에 이끌려
언제나 쫓기듯 다녀가는 고향
시린 가슴 알고 있다는 듯
먼 산 능선에 내리는 안개
하늘과 땅의 경계가 지워지고
명치끝에 매달린
빨간 서러움 하나
세월의 구름 위 눈시울로 젖는다.

아버지

가만히 눈 감고,
덧없이 가여운 애증의 세월
더듬어 봅니다.

지금도 여전히
당신의 머리에선
포마드 뚝뚝 떨어지고
말쑥한 정장에 선글라스
지팡이까지 짚으신 영국 풍 신사
탁월한 감각으로
뭇 여인들 가슴을 훔치십니다

당신 등에 매달려
당신 눈빛 얻으려
매달렸던 가슴
아직도 타오르는 모닥불 위로
새하얀 꽃비가 흐릅니다

파도 소리처럼 아련히
귓가에서 맴도는
'미안하다'는 마지막 말이

낙관처럼 찍혀 있는
내 마음의 호수 위로
낡은 배 한 척 떠나보냅니다.

가슴에 피어난 꽃

고추를 찾아 떠난 아버지의 마음은
집 나간 지 오래다

10년 만에 또 딸을 낳은 엄마는
밤새도록 서럽게 울었다
가슴을 찌르는 할머니
오따, 오따 또 딸이네!
갓 태어난 아이는 울어대는데
밭에다 터를 판 내가 죄인 같아서
자꾸 이불만 끌어다 덮어 주었다
엄마의 가슴을 도려내는 할머니
에라이, 아들도 못 낳는 년!
사시나무처럼 떨고 있는 엄마 곁에는
힘없는 딸만 셋이 웅크리고 누웠다
그 어둠의 목도리를 칭칭 감고
딱딱하게 굳은 가슴으로 나도 울었다
뒤집어 쓴 이불이 밤새도록 들썩거렸다

바늘 끝으로 찌르며 쏟아지는
아픔의 낱말들이 비수처럼 날아와
황량한 가슴에 피어나던
울음 꽃 한 송이

누가 날 거천하려고

아들의 한을 가슴에 담은
팔순의 어머니가
1년이 넘도록 병원을 들락거리더니
어린아이 보채듯
아침에 눈을 뜰 때마다
'나 오늘 죽을 것인 께' 하신다

얼마나 아프시면 저러실까 안쓰러워
심장이 철렁철렁 소리를 내며
피를 말리다가도
가끔 씩은 짜증도 나서
참지 못하고 그런다고 역정도 냈다

가을이 물러가고 겨울이 문턱인 어느 날
어머니가 의식불명 되었다는 다급한
전선 저쪽의 목소리가 떨린다

바람을 가르듯
흩어져 살던 자매들 모였는데
의식을 버린 어머니는
조금씩 지워져 가던
먼 기억들을 천천히 더듬으신다

나도 유복한 집 셋째 딸로 곱게 자라
열아홉 고운 나이에 종갓집 외아들 네 아비 만나
아들 낳지 못한 죄인으로
가슴이 새까만 숯덩이 되어
눈물을 삼키며 희생하며 살았느니라

엄마, 도망 가버리지 뭐 하러 살았어?
너희들 나 없으면 어찌 자랄까 걱정되어
참고 또 참으며 고단한 삶을 살았노라고
실타래로 쟁여둔 속울음 울으신다

밤새도록 지킨 중환자실 소용없어
대학병원 응급실로 옮겨 다녔는데
스물아홉 시간 만에 깨어난 어머니의
외마디 비명은

누가 날 거천하려고,
누가 날 거천하려고 살려놨어!
아직도 아들의 짐을 지고 사는 어머니
회색빛 가슴에 찬바람이 지나간다.

향수

태양을 담고 있는 남각산* 자락
흐드러지게 핀 코스모스의 환영 받으며
고향으로 들면
봇들**의 문이 열리고
기억속의 소년은
세월을 지키고 앉아
아직도 그리움을 부르며
40년 전으로 손잡아 끌고 간다

달 밝은 밤 고요한 방죽
반짝이는 물비늘만 깨어있을 때
깨알 같은 밀어들을 전해 주었던 소년은
마주 잡은 손의 감촉이
가슴으로 전달될 즈음
장미 빛 추억 하나 심장에 새겨 놓고
안녕이란 말도 없이 떠나버렸다

나에게 고향은
40년 전에 멈춰 있어 늙을 줄을 모른다

언제나 고향에 가면

지문처럼 지워지지 않는
그 소년이 달려 나와 맞아주고
풍류를 즐기시던 잘생긴 아버지와
쪽진 머리 곱게 빗은 젊은 어머니가
사립문 앞에서 손 흔들고
폐부 깊숙이 스며드는 회한과 연민으로
가슴은 새처럼 파닥거린다.

* 남각산 : 화자의 고향 뒷산
** 봇들 : 고향의 옛 지명

나물 캐는 세 자매

아들 하나 얻지 못한 게 한이 되어
속내 까맣게 태우던 울 엄마가
10년에 하나씩 허우적거리며
이 땅에 뿌린 세 자매는
한 몸에서 났는데도 서로가 독특하다

아직은 봄바람이 차가운 날
태어나서 처음으로 함께
고향 들판으로 나물 캐러 나서는데
어린 시절 나물바구니 받으시며
정갈하게 캐왔다고 칭찬하시던
20년 전 땅속에 누우신
할머니도 따라나선다

냉이가 지천으로 깔린 밭
불도저 같은 우리 집 기둥, 언니는
오메 오진거! 를 연발하며
거인의 손처럼 움직이는데

예나 지금이나 변함없이
정갈한 걸 좋아하는 나는

뿌리며 누런 잎까지 떼어 내고 앉아 있고
환자를 다루는 막내는
뿌리 하나 다치지 않게 정성을 다하여 뽑고 있다

밭가에 앉으신 할머니는 빙긋이 웃고
나 또한 그 광경을 즐기고 있는데
'아야! 추운께 빨리빨리 해야! 집에 가서 다듬자!'
참다못한 우리 언니 채근에
한꺼번에 터진 까르르 웃는 소리

수런수런 지나가던 꽃샘바람
멈칫하고 서며,
'웃는 소리 하나는 영락없이 닮았네.'
따스한 마음들이 출렁거린다.

소라 껍데기 속 이야기

산다는 것이
깊숙한 허방에 발을 디디는 것 같아
후드득 후드득 빗소리가
가슴을 때리는 날이면
나는 소라 껍데기를 집어 귀에다 댄다.

긴 미로 속에서 몰려오는
심장을 뛰게 하는 파도소리
내 마음은 고향 바다를 달린다.
언제나 문 열어놓고
내 어머니처럼 반겨주던 바다는
간곳이 없다
숨 막히는 땅에서
당신이 그리워 달려왔는데
왜 문은 닫았습니까?

내 평온의 쉼터였고
내 기억 속환한 웃음이었던
모래톱 이야기가 꿈이 되어
포말로 밀리던 곳
방조제가 빼앗아 버린 나의 바다

멀리 저무는 석양의 슬픈 빛 따라
오늘 나는 당신을 찾아 떠나고 싶다.

설날의 추억

꿈결인지 잠결인지, 살갗에 닿는 찬바람에 눈을 뜨면 새벽빛으로 곱게 단장하신 어머니는, 앞마당 흙을 방석 삼아 할머니께 큰 절로 세배하시며, 종가의 명절날 아침을 여셨지, 두루마기 까지 갖춰 입은 아버지는 뒤따라 마루에서 세배하시고, 다음은 우리 들 차례 손바닥 이마에 포개고 세배 올렸었지

할머니 방 창호지 문은 새벽 내내 열려 있어도, 세배 열기에 추운 줄도 모르고, 어느새 윗목엔 커다란 차례 상 차려 있었지. 차례 상 앞에 일렬로 서서 조상님께 절하는 건 고추들만 하는 것, 차례 상이 물려 지면, 조상의 음덕이 후손들한테 내려지고, 각 방마다 차려진 아침상에 홍어 랑, 산적이 랑, 굴탕국, 매생이 떡음, 내 입맛을 붙들었던 어머니의 비법

받은 세배 돈
고샅으로 뛰어나가
누가 누가 제일 많이 받았나
친구들끼리 계수하면
햇살도 덩달아 달아올랐지

점심때가 지나면, 황산 사는 큰고모, 안동 사는 둘째 고모, 목포 사는 막내 고모 버선발로 뛰어와, 할머니 발치에 엎드려,
옴 매! 우리 엄니 100살까지 사시쇼 잉! 하셨지

곱게 단장하고 할머니 곁에 앉아, 손님들 얘기 소리에 정신줄을 놓고 서산으로 넘어가는 해가 아쉽기만 한데, 하루 종일 상 차리느라 허리 펼 새 없는 어머니는.

종가의 외며느리 삶이란 이런 거라고
아마도 네가 걸어가야 할
종가의 맏며느리 삶 또한 이럴 거라고
말 없는 행동으로 가르치셨지

이제는 나이 한 살을 더 얹으며
거역할 수 없는 수명의 철칙과
책임감까지 덧입고
사랑의 사닥다리를 버겁게 오르는 오늘
어머니의 때 절은 앞치마가
살포시 떠오르는 내 아련한 유년의 설날
햇살에 녹는 눈처럼
스몰 스몰 스며드는 그리움.

별과의 대화

등대지기가 되고 싶었어

아무도 없는 무인도에서
사랑하는 사람과 단둘이,
하루를 살더라도 꿈같이 살고 싶었어
폭풍우 치는 날
칠흑 같이 무서운 바다를 알고 있는가?
그런 날 지나가는 배들에
생명의 불빛을 비추어 주고 싶었지
등대의 망루와 내 집은
온통 유리로 짓고 싶었어
난 유리성의 착한 주인이 되고 싶었지
그곳 마당엔 가득
장미를 심을 거였다네
예쁜 카나리아 한 쌍을 키우고
하늘의 달을 친구로 삼고 싶었어
죽을 땐 장미 정원의 가시에 찔려
죽고 싶었지, 릴케처럼 말이야
라이너 마리아 릴케와 헤르만 헤세 같은
시도 쓰고 싶었어

내 속의 실타래가 한없이 풀려 나온다네

바다만 바라보고 살기엔
피가 너무 뜨거웠는지
팔랑팔랑 허공을 떠돌다
두근거리는 도심의 동맥 속으로
그 정렬된 세계 속으로
내 이름도 꿈도 잊어버리고
여기까지 왔어
진퇴양난이 따로 없었어
출구를 찾지 못하고 계속 꿈틀거리다
망각의 벽을 뚫고
녹슨 철골이 드러나듯
내가 보였다네
움켜쥐고 있던 먹구름 한 줌
바람의 길로 날려 보내고
이제야 하늘로 가는 사다리를 오르려 한다네

벌써 절반이 넘는 시간이 달아났는데...

내 안의 나

어두컴컴한 길모퉁이
등허리 동그랗게 말고
웅크리고 앉아 있는 작은 아이가
의식의 저편에서
주섬주섬 보따리를 풀어헤치며
모두 떠나버린 차가운 공간
세상에 혼자 남겨졌던 지난날을
설운 맘 핏빛 눈물로
어깨를 들썩이며 울고 있다
이제 괜찮다고,
내가 너를 사랑한다고
내가 너를 지켜줄 거라고
내가 어린 나에게
달래도 보고 얼레도 보지만
두려움 가득한 눈망울은
버리려 해도
가난처럼 떠나지 않고
슬픔의 끝자락을 붙잡고 있는
성장이 멈춘 기억이다
내 안에 갇힌 또 다른 나
안에서 밖으로 부유하는 길을 잃고

날개를 퍼덕이며
온몸으로 버티는 저 질긴 생.

부부

새벽종이 울리던 시절
가난한 농군의 아들 딸, 우리는
한 쌍의 비둘기 되어
세상을 향해 날았다

진한 프리지아 향기 속
성가가 울리고
하늘의 문이 열리던 날
비록 하염없이 비가 내리고
호텔엔 빈방이 없어
서성이는 걸음으로
그렇게 시작 되었지만
우린 한 몸이 되었다

몇 권의 책으로 엮을 만큼
많은 이야기를 만들며
가슴에 묻었던 주름진 세월
속절없이 머리엔 서리가 내리고
몸은 무디어 졌지만

한 상에 둘러앉은 자손들과

무엇보다 내게는
가장 소중한 당신이 있기에
살에 닿는 바람마저
꽃으로 피어난다.

꿈속의 고백

사랑 고백 한 번 받아보지 못하고
결혼하였다.
한 번만 이라도 듣고 싶어
결혼 10주년
나를 사랑하느냐고 물었을 때
퇴근하는 남편의 손에
'보여 줄 수 있는 사랑은 아주 작습니다.'
칼릴 지브란의 시집이 들려 있었다.
묵묵히 흐르는 세월 같은 사랑
이십 몇 년이 더 흐른
어제 밤 꿈속에서
누군가 사랑한다며 청혼을 할 때
남편은 속살부터 새빨간
아내가 있다며 거절했단다.
불현듯 찾아온 열병으로
맥박 심하게 뛸 때도 있었지만
나만 바라보는
끔찍한 그 사랑을 보았다
사랑 고백이 흔해 빠진 시대
나는 아직도 철없는 공주
끝없이 사랑만을 갈구하는 계모

자꾸만 목으로 넘어오는
은은한 숯불처럼 뜨거운
내 사랑.

동창회 후의 단상

돌고 도는 세상
사랑과 이별을
유행가 가사로 배우며
이방인처럼 겉돌던 세월 끝에서
소녀가 만난 그리움들 속에
네온사인이 번쩍이고
술과 노래로 밤 가는 줄 모르는
심장 깜빡이는 우정의 물결

까마득히 잊고 있었던
추억을 회상하며
사랑했던 사람과
떠나보낸 사람들 사이
망설임으로 몽롱했던 시간 들이
서로의 손을 붙잡고 있다

눈까풀 떨며 바라보는
낯설기만 했던 풍경들이
낯익음으로 음률을 맞춰 갈 때
아직도 꿈을 꾸는 소녀
조각낼 수 없는 기억의 파편들이
술잔 속에 맴돌고 있다.

남편의 질투

시 한 편을 써서
남편에게 건네면
'좋은데, 잘 썼어요' 하다가도
첫 사랑을 읊은 시를 건네면
시큰둥한 목소리로
'모르겠어. 별로야'한다

노을이 흑갈색 위엄 속으로
빠지는 황혼에
끊임없는 뒤척임을
애써 외면하고
시를 쓰는 아내의 등을
묵묵히 바라보며
묵은 서랍이나 뒤지는 남편은
밤하늘에 떠도는 보랏빛 안개

가던 걸음에 잠깐
쉼표를 찍고
사랑받고 있다는 느낌으로
달콤한 잠을 청하는
우리 집 담장 안으로
포근한 바람이 뛰어든다.

맏이

수많은 세월 동안
멀미나는 세상 마른 침 삼켜가며
길 없는 길
함께 길을 내며 걸었습니다
때로는 소경처럼 더듬기도 하였고
주저앉아 하늘만 바라볼 때도 있었지만
한집안을 지탱하는 기둥
조상 대대로 내려오는
얼키고 설킨 인연들이
꼬리를 물고 늘어질 때마다
자격 미달인 나는 늘 뒤뚱거렸습니다
엉킨 실타래 같은 문제들 속에서
당신의 우주에 갇혀
딱딱한 미소를 보였다 감추었다 하며
여기까지 왔습니다
이제, 숨 한 번 크게 쉬며
하늘만을 바라보겠습니다.
벌써 해가 서산으로 기울어 가는데
우연히 부는 바람도
필연임을 가슴에 새기겠습니다.

소곤거리고 싶어요. 어머니

고부간의 갈등에 대해
구구절절, 이러쿵저러쿵
세상 사람들은 말하지만

선한 마음으로
낼 모래가 구십인데
사시면 얼마나 사시겠나
안쓰러운 마음

일평생 온몸이 부서지도록 일만 하시다
까막눈에 귀까지 닫혀
입만 열려있는 어머니

한마디 말을 하려고 해도
몇 번은 고래고래 소리 질러야
겨우 동문서답 하시면서도
집안일 돌아가는 건 궁금해 못 견디고
텔레비전에 나오는 건 모두 묵고 잡다신다

걸터앉은 삶의 무게가 버거워
한 숨 돌리면

서럽다 하시고
빨리 죽어야지를 되뇌는
가여운 당신

도란도란 대화를 시도 했다가도
목소리 따라 함께 올라가는 감정
웃을 수도 울 수도 없는
나는 서글픈 피에로

봄날 스케치

아지랑이 피어나듯
몽실몽실 꿈을 꾸는 계절
뜨뜻한 온기가 속살로 번지며
졸음이 쏟아진다

아침식탁에 앉으신
무표정한 어머님은
온산에 풀 피느라
삭신이 무겁고 아프시다는 데

살랑 살랑 불어오는 미풍에
싱숭생숭 마음이 흔들린 남편은
이 나이에 이러고 있을 수 없다며
집 떠날 채비 서두른다

긴 겨울 웅크리던
목련꽃, 살구꽃 꽃망울 터뜨리고
개나리, 벚꽃 질세라 단장하는
문밖 세상이 소란하다

온 식구 달고나가

제철 과일과 나물 한 소쿠리 사들고 와
손녀 딸 재롱 보면서
봄나물 소쿠리에
형형색색 웃음 가득 담아낸다.

본향 가는 길

장마철의 고속도로
우리네 인생길과 같다

세찬 빗줄기 가늘어 지더니
마른땅 나오고
안개의 터널 지나니
밝은 햇살 쏟아진다

산모롱이 돌아 달려가니
푸른 하늘아래
방금 목욕한 산야의
짙은 녹음이 향기롭다

하루도 쉼 없이
본향을 향해 달렸는데
자동차는 아직
인생길 위에 머물러 있고

내 마음 속에 들어와 있는
그리운 나의 아버지
대문 활짝 열어 놓고
환하게 웃으며 두 팔 벌린다.

제 3부
가슴에 박혔던 이름들

귀, 네가 그립다

어머니 자궁 한편
운명적 만남이 있었지
바깥귀, 가운데 귀, 속귀
너의 모습은
아름답고 비범하였으며
놀라울 만큼 소리에 민감하였다

태어나면서부터 병을 얻은 너희 들은
오랜 고단한 날에도
묵묵히 참다가
고막은 파열되었고
작은 뼈들은 녹아내려
모든 소리는 소리로만 끝났던
가슴을 앓아왔던 지난 세월
너에게 고하지 못했던
나의 가슴 언어로
들리지 않던 소리를
더 멀리 듣기를 소망한다

뼈와 뼈들이 부딪치며
아름다운 소리를 내는 날

빛나는 울림
그동안 가슴에 박혔던 이름들이
전율의 강으로 흐르리라.

청각 검사실

음이 차단된 사각의 밀실
보이는 것이라곤
스피커 두 개 의자 하나

피아노 소리와 같은 순음
주파수마다 조절되는 음의 강도
헤드폰은 소리를 꺼내기 시작한다

부드러운 얼굴의 의사는
수술은 잘되었으니
버튼을 눌러 응답하라는데
손에서는 진땀만 흐른다

뒤죽박죽된 채 서로 배신하고 있는
고막과 달팽이관

타는 긴장으로 두근거리는 가슴
숨을 멈추고
모든 신경은 일순 소리에 끌리며
듣기 위해서 눈을 감는다

소리 이전의 의미 있는
무수한 소리 부재의 시기를 지나
소리의 고향을 찾아가는 길
누구의 탓인지 모를
어두운 시선이 엇갈리고 있다.

수술실에서

세균번식을 막는다는 미명하에
적당한 냉기가 흐르는 수술실
수술대위에 누운 환자는
타는 긴장위에 추위를 덧입는다.

죽음 같은 하얀 천이 머리끝까지 덮이고
마취바늘이 공격해올 때
명치끝까지 울려오는 통증에
뼈마디의 아우성을 느끼며 입술을 깨문다

적당히 섞인
포도당과 항생제와 진통제는
자기의 임무를 띠고 혈관을 따라 떠나는데
원인도 모를 눈물이 두 볼을 타고 흐른다.

어차피,
홀로 지고 가야할 무거운 굴레
숱한 언어를 마무리 짓지 못한 채
거스를 수 없는 물살에
모두 맡겨 버린 시간

끊길 듯 끊길 듯 이어져 온 생애
어긋난 모습들이
질긴 호흡으로 가물거리다
의식의 저편에서 한 줄기 빛을 만난다.

가시고기

오직 부화를 위해
밤낮을 잊은 부채질
퍼렇게 멍든 등허리마다
눈물이 고였다

새끼들이 눈을 뜰 때까지
식음을 전폐 하던
그 흔들림 그 너머
눈을 가리고 뿌옇게 다가오는
생사의 갈림길
죽음과 바꾼 지고한 사랑은
세찬 물살 속에서도
길을 잃지 않았다

휘돌아 치는 세상살이
허기졌던 기억처럼
마지막 호흡이 담겨있는 사랑
아버지!

공부하는 이유

오랫동안
시험공부를 하다 보니
사람 꼴이 말이 아니다

돋보기 넘어 세상도 희미한 나이에
무엇하려고 공부하느냐
걱정 반 칭찬 반의 소리가
귓전에서 부서지고
만나지 못하는 친구들은
네가 공부하는데
우리가 지겹다고 한다

글쎄,
헝클어진 기억력이 갈피를 잡지 못하고
안구 건조증에
귀청까지 울어대는데
무엇하러 공부할까

한 번도 떠나본 적이 없는
미지의 세계로
나를 찾아 떠나는 긴 시간 여행

이승과 저승의 다리 아래 서성이는
바람에게 물어보러 가야겠다.

열망

어제 밤 소설을 쓰는
선배를 만났다.

작품 하나의 완성을 위해
보따리 싸들고 고시원으로
한 달에 두 번 집에 들러
남편과 아이들 챙겼다는
선배의 눈은
새빨갛게 충혈 되어 있었다

웬만큼 써서
명예를 얻는 것도 아니고
권력이 주어지는 것도 아닌
글쟁이가 굶어죽는 현실
미치지 않으면 갈 수 없는 이 길을
겁 없이 뛰어든
애간장 바삭 바삭 타는 냄새가 났다

정 떼는 일이 만만치 않고
피할 수 있는 길이 마땅치 않아, 나 또한
한 발짝 한 발짝 조심스레 내딛으며

이 길의 끝이 어디일는지
화가 될는지, 복이 될는지
스스로 바람이 된 이 몸
흐르는 구름만 끌어안고 있다.

단상短想

맏며느리라는 꼬리표가
마음 한 칸을 부여잡고
긍정과 부정을 저울질하며
죄책감을 부채질하는 명절날
자동차를 달리며
마음의 옷을 벗는다
무겁게 끌고 온
때 묻은 먼지도 털어내고
맏이라는 이름 아래
너무 오래 쥐고 있었던
통제권도 내려놓고
육신의 과열된 전등도 끈다.
포스트모더니즘 시대
모두가 원하는 대로
하루하루 배려하는 삶을 살자
시궁창에 던져도
옥으로 빛날 이름,
아직도 갈 길은 멀지만
한나절 자유로운 날갯짓
이젠 사랑할 일만 숙제로 남았다.

우체통에 들어가던 날

젊음이 살아 있을 때부터
흘러가는 세월 앞에서
오랫동안 생각만 붙잡고 있었다

알몸으로 세상에 와서
한 줌 재로 돌아갈 때
호주머니 없는 수의 한 벌 뿐인데
얼룩진 세상
해마다 나이만 늘어갔다

더는 녹슬기 전에
장기 기증서에 사인하고
나를 우체통에 넣었다
뇌사 시 장기 기증
9명의 생명을 살릴 수 있다니
이제야 몸이 가벼워진다

긴 치맛자락을 끌고
해가 서산으로 넘어갈 때까지
만져보고 싶은 불씨 하나
심장으로 키워
쓸 만한 사랑으로 남겨 주고 싶다.

귀향歸鄕

먼 길 숨차게 달려온
증기 기관차 마냥
마지막 숨을 거두던 시간

매서운 계절
생채기 난 삶 떠나
고치를 빠져나온 나비 한 마리
먼 길을 떠난다

제 무게를 다 내려놓은 하늘
아직은 돌봐 주어야 할
사랑하는 이름들이
허공에서 맴을 돌고

눈에 밟히는
여린 피붙이들
남은 세월에 부탁하고
왔던 길 되돌아가는
고향 길

보고픈 얼굴들이
만장*으로 흐느낀다.

*만장: 죽은 사람을 슬퍼하여 지은 글

기브스 속에 있는 발에게

단단히 굳은 석고 속
네가 자리 한 곳은
땅이 아니고 허공이다

갇혀있는 너를 따라
운명처럼
나 또한 수인囚人이다

불현 듯 너와 함께
숨 가쁘게 달려 온 생애
발목 잡혀 버거웠던 지난날이
깨어나 이야기 한다

새벽공기 가늘게 떨 때부터
흰 달이 얼굴 내밀 때까지
오욕과 굶주림의 험한 길도 마다않고
묵묵히 함께 해 왔던 시간들

흐르는 게 삶이라
제대로 뒤돌아보지 못하고
앞만 보고 달려 온 세월

아직도 삶이 서툴러
주인노릇 제대로 못해
눈물 나도록 미안하구나.

늙는다는 것

늙는다는 것은
홀로 입술을 깨물 때가
많은 것이라네

아름다운 희망과 쓸쓸한 절망 사이
수많은 생각과 걱정이
나를 꽁꽁 묶고 있었어

뭉개 버리고 싶은 얼룩들이 너무 많았지

축 처진 가슴과
헐렁한 뱃살 속에
묵은 삶은 구겨 넣고
나의 성벽은 더욱 견고해졌다네.

지나가는 말에도
비명 지르며
어둠 속에서 꾸역꾸역
눈물을 짤 때도 있었지

주워 담고 싶은 꿈이 있어

수전노처럼 아직도
욕심을 버리지 못하고

상처 난 사랑 하나
가슴앓이로 속살 태우며
아물지 않은 부스럼 딱지처럼
그리움 속에 꼭꼭 감추고 산다네.

문門

시詩란 공간을 피난처로 삼아
고전 감상에 사로잡힌 시간
어디에도 소속되지 않은 채
며칠 동안 문을 걸고 살았다
몇 십 년 만의 한파로
온 땅이 꽁꽁 얼던 날
찬바람만 머물다 간
때 묻은 문을 열었더니
어머님의 기침 소리 돌아오고
아이들 뛰어노는 소리 돌아와
출입 무제한의 자유 속에
식구들 웃음소리 분주하다
들어오지 말라는 문이 아니고
이 세상 따스하게 살라는 문인데
대문도 열고, 시의 문도 열고
내가 가진 문들을 다 열고 싶다
굽은 허리 마지막 힘 다할 때까지
지독하게 꿈꾸는
빈약한 시어의 허기짐 속으로
발가벗은 나무가 바람결에 흔들린다.

비통한 날

서로 알 수 없는
오해의 조각들이 가슴에 박혀
빨간 가슴앓이
오장육부가 요동치는데

나이를 먹으면서 뒤늦게
인생의 터널을 뚫느라
한숨 돌려 살피지 못한
지나간 시간들이 외롭게 달려온다

서랍이란 서랍들을 다 뒤져
허접한 물건들을 쏟아내며
구차한 변명을 해 보지만
손 때 묻은 슬픔만이
혼자 넋두리하는 시간

남의 흉이 한가지면
제 흉은 열 가지라고
목청껏 소리치고 싶은
나의 이 속물근성

아직 남아있는 날들을 위해
그래도, 내가 또
참아야지 참아야지 하면서도
인고의 가슴 한 자락
방울방울 빗물 새는 소리가 요란하다.

이천 원어치의 행복

주말 밤, 대학로
이방의 어느 밤거리처럼
뜨거운 가슴들 포개진 열기에
괜스레 민망해진 내 걸음 빨라진다

혜화역 2번 출구
통 속에서 얼굴 내민 노란 프리지어
한 단에 1천 원 이름표를 달고
'며칠 후 결혼기념일이지?'
환하게 웃으며 귓가에 속살거린다

탱글탱글한 놈으로
두 단을 집어드니
프리지어 화관 너울 쓰고
프리지어 부케 수줍게 들고 있던
꽃다운 스물네 살 신부
30년도 훨씬 지난 세월 넘어 에서
수줍게 웃고 있다

환생한 한 마리 나비
냄새도 맡아보고 꽃술에 묻혀

달콤한 날갯짓 하더니
식탁 위에 꽂아놓고 부르는 콧노래
이천 원어치의 행복
온 집안에 향기가 가득하다.

시詩에게

세상에 태어나지 않은 언어 하나를 찾기 위해
온 종일 헤매다 헛물만 켜고 잠이 든 날
꿈속에서도 너를 찾는다

모든 이야기가 너로 형상화될 수 있겠지만
구멍 난 가슴 속 예민한 울림으로 새겨져도
딱딱하게 굳은 붓끝은 무디기만 하다

내 눈의 무늬로 색칠해 주고 싶은데
하고 싶은 말도 많은데
가까운 것 같으면서도 먼 자리에서
손만 흔들고 조롱하듯 달아난다

어느 날인가는 날개가 되고
어느 날인가는 아픔이 되는
매정한 너로 인해 짝사랑만 깊어가는 시간

사랑니 뿌리 채 흔들리던 날처럼
네가 그립다
네가 보고 싶다.

시린 계절

화려한 깃발들이
욕망으로 우뚝 솟은
그늘진 뒷골목
소년 소녀 가장들과
갈 곳 없는 노인들의
한 숨소리 가득하다.
균열 된 사고 속에서
황혼 이혼이 통계로 잡히는 세태
무감각, 무신경
사랑을 잃어버린 공간에
황량한 슬픔만이
그늘진 바람으로 분다.
눈물 뒤로 별안간
시야가 흐려져도
함께 맥박으로 뛰는 심장
서로 마음 놓고 부를 수 있는
이름이 없으니
끝이 보이지 않는 무게에
쓰러져 우는 소리
내 빈 가슴이 적막하다.

희망

눈을 뜨고 꿈을 꾸는 것처럼
혼곤한 일상 허접한 사유를
묻어버리기 위해
동동걸음으로
지나가는 계절에 안녕을 고한다
꿈이 있으면 꿈을 위해 살고
꿈이 없으면 없는 대로 살아가는 법
한집에 동거하는
어둠과 빛을 하나의 거울로 삼아
방울방울 눈뜬 웃음을 배우려 한다
퍼렇게 멍든 등허리
모진 세월 앞에
다시 곧추세울 수 없어도
뜨거운 열정으로 가슴을 묶으면
어느 곳이든 길이 되는
기쁨의 세상을 만날 수 있으리
세월의 소리 거칠다 해도
사납게 창문을 두들기며 지난다 해도
허기졌던 기억의 갈피마다
영혼의 등불 달아 놓고
마지막 웃음만큼은
온 세상 환하도록 밝혀보리라.

제 4부

내 기억 속 환한 웃음

그리움

묵은 앨범 속에 갇혀있다
긴 머리 땋아주며
서로의 꿈을 키워주던 저것들
저 속에는 세월도 멈추었나보다
남편을 잃었다는 소문도
이혼했다는 소문도
아직 인가 보다
눈물 나도록 가슴이 저리는 데
홀로 힘겹다 기색 않고
저리 환하게 웃고 있다
하나하나 눈으로 호명해보니
준비해놓은 이야기보따리 풀어 놓는다
차례도 지키지 않고
한꺼번에 풀어놓는다
까만 갈래머리들 온다
깔깔 거리며 달려온다.

낙엽

열병이었다. 사랑이었다.
영원할 줄 알았던 수많은 사연이
강물처럼 흘렀다
빨갛게 물든 이야기
화려하게 눈을 뜬 너와
끝없이 함께 걷고 싶었다.
신들린 무희처럼 뛰는 가슴
이미 시작된 절정의 꽃불놀이에
지나는 바람에도 불이 붙었다
사랑하면서도
네가 가는 길을 함께 갈 수 없었다.
윤회의 뿌리를 찾아
한 점 흙으로 썩어져 가야 할 생애
썩어서도 한껏 몸을 내주는
너를 따라
나도 누군가의 몸속으로 들어가
붉게 흐르는 피가 되고 싶다.

강화도에서

한강과 임진강이 한 몸 되어
서쪽 바다로 빠져나가는 곳
손 뻗으면 닿을 바다 저편
분단된 조국 북한 땅이 있다

저기 예성강이 흘러나오고
또 저기 북한 마을이
배고파 뒤틀린 아이들의 모습처럼
야윈 속살이 보인다

한 달음에 닿을 듯하여
앞으로 나가려니
민통선 검문소 경비병이 앞을 막는
민간인 통제구역
코스모스, 금계국 아름답게 출렁이는데
끝이 보이지 않는 철책이
가슴에 금줄을 쳐 놓고 있다

강과 바다는 내통하는데
사람은 가지 못하는
질긴 악연의 씨줄 한 올

넘어야 할 산이 있고
부딪쳐야 할 벽이 있지만

언제인가 동터 올 조국 통일
눈앞에 걸린 포스터 하나가
가슴에 걸린다.
'통일이 내일이면 안보는 오늘'

밥그릇 싸움

강화도 외포 항 앞
점방마다 쌓아놓은 새우깡 박스가
하늘만큼 높다

거리의 아이들과 어른들
손 에 손잡고
새우깡 봉지 함께 잡고
석모도로 향하는 배에 오른다

길들여진 갈매기 떼들
끼룩끼룩 끼루룩 몰려오고
새우깡을 던지는 아이들의
낄낄 깔깔 즐거운 함성이
배안에 가득하다

먹이를 하나라도 더 차지하기위해
위로, 아래로
흙탕물속으로 곤두박질치며
싸움질하는 갈매기들

저들도 국회 TV를

자주 보나보다
아주 못된 것만 배웠다.

네 발로 오른 천지

천지를 향해 가는 길
서파 코스,
1236개의 계단에, 숙제처럼
이곳을 오르려는 사람들이 있다

비바람 눈보라가 몰아쳐도
게처럼 달라붙어
죽기 전에 한번은 봐야 할
내 나라 내 땅! 천지

2744미터
열여섯 봉우리에 서려 있는
바다 같은 하늘의 호수
반기는 이 없어도
오르다 오르다
숨이 끊어질지라도
네발로 기어서 오른다

꿈꾸듯 더듬어 오르다 보면
하늘이 열리던 날에
천지를 가르던 음성이 들려올 듯

인고의 세월 감춘 위용
분명히 산만은 아니다

소리 없이 하루는
저물어 가지만
병든 육신은 정기를 받아
아스라이 하늘이 된다.

뉴질랜드에서

겨울인 한국에서 10시간 날아오니
여기는 남극, 여름이 한창이다

태고의 빙하 생명 다하여
속 깊은 가을 하늘로 내려앉아 있고
천하 제1경 밀 포드 사운드 에선
하늘하늘 춤추며 면사포 쓰고 내려오는
실 폭포의 안무가
써든 알프스를 치장하고 있다

물감 섞어 뿌려 놓은
루핀과 데이지와 각종 허브
캔터베리 대평원은 기쁨의 축제 한창이고
그 곳에 충실한 일군인 개犬들은
양과 염소, 소와 사슴
방목중인 이들을 거느리며
주인들의 삶을 기름지게 한다.

어둠을 모르는 긴 해는
한 밤중까지 머물러 앉아
잠들지 못하는 영혼

베란다 창문을 열면
나를 따라오라고 나그네를 손짓한다.

지구상의 아름다움이
다 모여 있는 이 곳,
1천 기가바이트 카메라로도 담을 수 없는
신의 뜨거운 숨결 머물고 있는 땅!
낙원이 따로 없다.

이집트

무덤 한 가운데에 내가 서있다
죽음이 지배하는
무덤의 나라
산 자와 죽은 자가 공존하는 땅
무덤 속에서 먹고 자고 뒹군다

태양은 온 천지를 불사르고
오직 알라의 신만이
방황하는 밤거리를 허둥대며
서투른 구원을 설파한다

원 달러! 원 달러!
꿈꾸듯 외치는 바로의 자손들

하늘이 내려준 나일 강 삼각주도
찬란히 누렸던 바로의 영화도
택한 백성 야곱을 괴롭혀
모두 다 옛말인 곳

피라미드
스핑크스

죽은 조상으로 먹고사는 나라

끝없이 펼쳐진 사막 가운데
미라가 되어버린 시간을 찾아
온 세계 사람들이
꾸역꾸역 모여든다.

마라의 우물*

홍해를 건너고
수르광야를 지나 3일 길
목마르고 지쳤을 때
이스라엘 백성들이 만났던 오윤무사**를
8년 만에 다시 찾아보니
사막의 고된 시간을 좇으며
원 달러를 구걸하던 아이는 어느 새
기념품 가게 주인 되어
검은 눈동자를 반짝이며
수줍게 서있다.
준비해간 비스켓, 초콜렛 나눠주려니
마른침 검은 손을
하늘로 치켜들며 달려드는
또 다른 아이들
오아시스라고 환호했지만
도저히 먹을 수 없는
소금기 강한 쓰디쓴 물
내 마음에 심겨진
치유되지 못한 고뇌의 뿌리를
알몸으로 뽑아 던지면

단물로 변할까
갈망의 모래 바람 목에 잠긴다.

*마라의 우물: (출 15:22-25)에 나오는 출애굽한 이스라엘 백성이 사흘 동안 진행한 후 물어 없어서 불평하다가 마라에 이르렀으나 물이 써서 마시지 못하였던 곳

**오윤무사: 마라의 우물의 이집트어

몽마르뜨 언덕의 미술가들

세월을 눌러 쓴 모자 속에
흰 머리카락을 감춘
깡마른 남자의 눈에
초록색 쎄느강 물이 잠겨있네

검은 장갑 사이
길들여진 연필로
잃어버린 하얀 공간을
아늑한 속도감으로 채울 때면
직선과 곡선이
천상의 춤을 추고

땟국 흐르는 안경너머
초점이 맞춰진 자리마다
쎄느강위에 미라보 다리와
에펠탑이 세워졌다네

시간여행을 하고 있는
고흐와 피카소의 후예들
가슴 밑을 긁을 때마다
고이는 핏물로
지나간 과거를 메우고 있었다네.

베네치아 사람들

이오니아 해에서 밀려온 바다
리도 섬에 막혀
주춤거리고 있는 사이
발 빠른 이들은 개펄에
백향목 말뚝을 박아
118개의 인공 섬을 세우고
450개의 다리로 연결 시켜
사람들이 가장 보고 싶어 하는
물의 도시를 탄생시켰다
1600년이 흘러 늙어가고 있는 도시
미래를 예견하지 못한 채 흘러가는
환영과 같은 시간의 장난
이끼 낀 나무는 썩어
세월 속으로 사라지려 하는데
이제야 네 모습을 붙들기 위해
한 생애의 숨죽이는 순간을
눈에 담는 사람이 있다
까르르 까르르 통통 굴러가는 소리
S자형 대운하를
수상 택시로 가로지르던 날
날개가 돋은 호기심에 가슴 벅차던 함성

모든 게 낯설어 보이는 이방인 앞에
가면을 쓰고 풍요를 채우려는
탐욕스런 후손들
골목골목을 누비고 다니는
곤돌라의 깃발엔
화장기 없는 웃음만 펄럭인다.

실종된 3대 미항美港

물안개 피어나는 언덕 위에
위대한 선조 들이 남긴 고성古城만이
먼 기적 소리를 들으며
낡은 벤치를 베고 앉아
먼 곳에서 온 이방인을 반긴다.

오랜 무기였던 아름다움은
뱃사공들의 기억 속에만 존재할 뿐
한 움큼의 부귀를 누렸던
세계 3대 미항은
지나온 시간과 함께 초라해진 몰골로
중세 속으로 사라지고
극심한 허기만이
공허한 도시에 흐르고 있다

삶의 의미들은
낡은 아파트 베란다 빨래로 나부끼고
거리마다 쌓인 쓰레기와
그 속에서 꿈틀거리는 노숙자들
거리를 활보하는 고양이 눈엔
비통한 눈물이 흐른다.

연기처럼 흩어진 시야에 들어온
쪽빛 바다와 아름다운 해안선은
빛 부신 하늘 아래
중세를 그리워하며 철썩대는데
마피아들의 본거지가 된
이태리의 변방 나폴리는
짙게 깔린 구린 색깔로 남아 있다

알프스를 오르던 날

앳된 열다섯
알프스를 꿈에 담은 소녀
아주 많은 시간이 흘렀는데도
엽서 속의 알프스가
피사체의 잔영으로 각인된 가슴에
꿈결처럼 소원으로 이루어지던 날
빨간 열차를 타고 산을 오르며
형형색색 물감 풀어
낙원으로 바꾸어 놓은
창조자의 장엄한 연출을 보았다
한 마리 기쁜 새 되어
정상에 올랐는데
3454m 순결한 융프라후는
수줍은 얼굴 눈보라로 감추고
들떠있는 마음 한 장
받아주지 않는다
하얀 너울을 벗고
나를 반겨 줄 때까지
산자락 한 자리에 터를 잡고
에델바이스를 심으며
빨간 지붕 하나 세 들어 살고 싶다.

카프리 섬에서

티레니아 해안 나폴리 만 입구
소렌토 반도 앞바다
찰스 황태자와 다이애나비
신혼여행 다녀갔다는
용암으로 뒤덮인 아름다운 섬
하필이면 오늘 윌리엄 왕자의 결혼으로
온 유럽이 술렁이는 날
이곳을 밟는다.
잃어버린 시간을 다시 붙잡을 수 없는
지나간 이야기들이
부드러운 안개로 잠들어 있는 언덕
깊은 슬픔 뒤
혼자만의 비밀을 간직하고
하늘을 향하여 말하고 싶었을
세기의 연인 다이애나는
장미가 피고 지듯
젊음도 미모도 무덤 속에 잠들어
아들의 결혼을 알고 있을까
밤의 등불은 꺼지고
행복이 너의 등에 쏟아졌으니
네가 머물 곳은 사랑하는 이의

가슴속밖에 없다고
결혼한 아들에게 당부하고 있을까
줄지어 있는 흰 구름 사이
핼쑥한 낮달이
이슬에 젖은 내 눈빛을 헹구고 있다.

폼페이의 하루

폐허가 된 폼페이 공회당 터
전봇대처럼 망연한 시선으로
베수비오 산을 올려다보며
가늠해 보는 그날의 아비규환
내 묶인 상상력을 가로막고 나타난다

밤을 직업으로 가진 여자들의 집
간판으로 사용된 붙박이 남근과
색깔도 선명하게 남아 있는
부조된 포르노 그림들 앞에서
할 말을 잊는다

번영과 쾌락의 항구도시 폼페이
처음부터 예견된 사망의 도시
술 한 잔에 몸을 팔 수 밖에 없었던
쓰디쓴 질곡의 삶으로
상처 입은 자리마다
벗겨진 시간 들이 울고 있다

새의 깃털을 목구멍에 집어넣어
토하고 다시 먹으며

탐욕으로 미쳐가던 사람들
돈과 성에 노예가 되었던 욕망 들을
화산재는 차디차게 덮어 버렸다

분노의 용암을 분출하기까지
오래오래 참았을 창조자
그 아침의 슬픈 침묵이
돌로 굳어진 모습을 보려고
끝없이 끝없이 몰려오는 사람들

이곳에선
모두가 바람의 신발을 신어
걸음을 멈춰도 떠밀러 가는데
하늘엔 흰 구름만 묵묵히
아픈 역사를 감추고 있다.

안면도에서

향기 소란스러운 소나무 숲과
할미바위 할아비바위 마주 서서
어서 오라 손짓하는
방포해변

빛 부신 백사장
빈 조개껍질 몇 개 줍고
즐거워 뛰는 아이들과
내 속에 살고 있는 물새 한 마리
함께 뛴다

몸속 깊이 잠들어 있던 바다와
철썩거리며 사라져가는 수평선
우리는 나란히 바닷가에 앉아
지는 해를 바라본다

출구를 찾던 썰물 끝에
모세의 기적처럼
할아비바위 할미바위
서로 한 몸으로 만날 때
분홍빛 일몰에 드리운 수줍음

어두워진 바다 잦아들면서
지는 해를 품을 때
하루 종일 달구어진 모래들이
할아비 할미
신방 만드느라 분주한 숨 막히는 밤
가슴 뛰게 하는 아름다운 사랑하나 보았다.

울돌목*에서

휘돌아 치며 통곡을 한다

쿠르릉 쾅쾅
무엇이 이토록 너를
분노케 하였는가?

이 땅을 범하였던 적들은
수장 된 지 이미
400년이 지났는데
여전히 소용돌이치는 처절한 몸짓

세계적인 금융위기 앞에
갈길 몰라 허둥대는 서민들
외로움에 몸부림치는 독거노인들
입만 번드레한 위정자들
제 배만 채우는 회칠한 무덤들

일어나라 충무공이여!
명량대첩의 영령들이여!
다시 한 번
거북선을 띄워 적들을 섬멸하듯

후손들을 구하라
피맺히는 울음에 바람도 목이 멘다.

* 명량해협(鳴梁海峽)또는 울돌목은 전라남도 해남군 문내면 학동리의 화원반도와 진도군 군내면 녹진리 사이에 있는 해협이다.

주왕산

산이 높으면 계곡이 깊다고 했던가,
산으로 둘러싸인
육지 속의 섬
속살 간질이는 운무가 내려앉은
폭포와 기암괴석의
청송 땅
허락도 받지 않은 바람
따라와 심술부린다.
세월의 무게를 이기지 못한 단풍들이
떨어지는 노을처럼
낮은 비명을 지르며 날리는 자리
한 시대의 아픈 역사가 숨 쉬고 있다
가파른 언덕을 넘던 바람이
무엇엔가 놀라 멈칫하고 선 자리
이마가 훤한 대머리 큰 바위
육중한 침묵이 떡 버티고 앉아
달려가는 세월을 잡는다.
피할 수 없는 길 끝에
거대한 외침
거듭 고뇌한 일들이
눈물 나도록 안쓰럽다.

채석강*에서

대칭과 비대칭의 균형
수직으로 또는 수평으로
누구의 손으로
저 많은 책들을 꽂았을까
신화 전설 민담부터
동서양 고전
심청이 춘향이에 신데렐라
이야기까지
억겁의 인연들로 펼쳐져있다
세월의 무게를 못 견딘 서가는
비스듬히 기울었고
위험 표지판 하나 애달피
방문객을 맞고 있다
더위를 몰고 온 바람피해 들어가
서가를 더듬으니
방게 쏙대기 어린것들
독서 삼매경에 빠져있고
바닷물 밀려왔다 떠나가며
책 한 권 빌려간다.

* 채석강은 전북 부안군에 있는 화강암, 편마암을 기저 층으로 한 지층으로 바닷물에 잠식되어 퇴적한 절벽이 마치 수천만 권의 책을 쌓아놓은 듯하다.

□ 해설

하늘과 땅으로 엮어진 비단길

- 전영란 시인의 시집 『씨줄과 날줄의 인연』에 부쳐 -

홍 문 표

(문학박사 · 시인 · 평론가)

전영란 시인의 시집 『씨줄과 날줄의 인연』을 만나게 되어 기쁜 마음이다. 전 시인은 이번 시집 제목을 『씨줄과 날줄의 인연』이라고 하였다. 제목부터가 정겹고 쉽게 다가오는 문장이다. 그러나 내면에는 깊은 의미를 내포하고 있다. 씨줄과 날줄이란 원래 베를 짤 때 세로줄을 날이라 하고 가로줄을 씨라 한다. 아름다운 비단을 짜는 데는 먼저 날실을 설치하고 북에 넣은 씨실이 한 줄 한 줄 날실 사이를 세로와 가로로 얽히면서 만들어지는 것이다. 이러한 날줄과 씨줄의 결합원리는 예나지금이나 만고에 불변하는 모든 천의 제작 원리일 뿐만 아니라 세상만사의 모든 존재원리로 확대 재생산되어 설명되기도 한다. 경천위지(經天緯地)란 말이 있다. 하늘의 이치를 날줄로 하고 땅의 도리를 씨줄로 하여 천하를 경영한다는 말이다. 세상사, 삶의 이치를 철학적으로 설명한 말이다. 이러한 원리는 과학에서도 그대로 적용된다.

지구를 날줄과 씨줄로 나누어 구별한다든지 모든 도형의 기본을 가로와 세로로 나누어 증명하고 있는 것이다. 그만큼 씨줄과 날줄의 구성 원리는 객관적이고 과학적인 합리성을 지니고 있기 때문이다. 총망라(總網羅)라는 말도 있다. 통틀어 하나도 빠짐없이 모은다는 말이다. 씨실과 날실로 짜여진 그물로 바다에 투망을 하면 모든 고기들이 잡히는 원리다. 그렇다면 모든 존재는 이 원리 속에 있고, 인간이 살아가는 원리도 여기에 있다고 해야할 것이다. 바로 하늘의 도리를 날줄로 하고 일상의 삶을 씨줄로 하여 매일매일 최선을 다하는 삶이야말로 아름다운 비단을 만들어가는 삶이 될 것이고 하늘의 도리를 어기고 멋대로 사는 삶은 아름다운 비단이 아니라 투박한 삼베자락이 될 수밖에 없다는 말이다.

이러한 날줄과 씨줄의 철학이나 과학이 시와 무슨 관계가 있는가. 시는 상상의 산물이고, 정서적 감동이라 했는데 날줄과 씨줄의 원리와 어떤 개연성이 있는가. 당연히 있다. 왜냐하면 시도 궁극적으로는 진실을 드러내는 언어이기 때문이다. 일찍이 아리스토텔레스와 플라톤의 논쟁이 있었다. 플라톤은 시에는 도대체 진리나 본질을 드러내는 철학이 없다고 했다. 그러나 아리스토텔레스는 시도 궁극적으로는 진실을 드러내기 위한 방법이라고 하였다. 사실 많은 사람들이 시는 진실과 무관한 것이라고 생각한다. 이는 과학이나 철학에만 진실이 있다는 편견 때문이다. 그러나 시에도 진실이 있다. 다만 과학과 시는 그 진실을 드러내는 방법이 다를 뿐이다. 과학이나 철학이 이성과 사유를 통하여 진실을 드러낸다면 시는 상상이나 감성을 통하여 드러내기 때문이다.

그렇다면 날줄과 씨줄의 원리가 진실이라고 할 때 이를 어떻게 시적으로 드러내고 있는가. 이러한 문제가 바로 이번 전 시인의 시집이 갖고 있는 시적 성과라 하겠다. 말하자면 날줄과 씨줄의 원리를 어떻게 시적인 상상력을 통하여 구체화했는가를 확인하는 것이 전 시인의 시적 세계가 되는 셈이다.

제1부 '어둠속 길을 내며'는 「밤길」에서 「성탄 아침에」까지 작품을 배치하고 있는데 모두가 기독교적인 신앙을 바탕으로 한 것들이다. 신앙이란 절대자에 대한 신뢰를 기본으로 하고 있다. 그중에서도 기독교는 하나님, 즉 하늘의 질서와 은총을 날줄로 하여 그 사랑을 지상에서 씨줄로 실천하는 삶이다. 전 시인의 시는 바로 이러한 신앙적 자세가 서두를 장식하고 있다.

칠흑 같은 밤하늘에
당신 닮은 별 하나
달빛 한 자락 끌어안듯
여민 가슴을 열면
사랑도 별이 된다고
아프게 손짓 합니다
세상 끝날 까지
곁에서 지켜볼 거라는
당신 생각에
돌부리에 비틀거리면서도
하늘만 쳐다봅니다.
앉고 일어섬을
다 알고 있는 당신께
달려가는 가슴
눈물로는 그 아픔을 셀 수 없기에
못 박힌 자리에
별로 떠 있는 사랑을 보며

터벅터벅 걷습니다.

-「밤길」 전문

「밤길」은 시적 화자, 즉 전 시인의 신앙적 자세가 총체적으로 드러나 있다. 우선 화자는 칠흑의 밤하늘을 배경으로 하고 있다. 이는 칠흑 같은 어두운 세상, 현실에 대한 신앙적 인식일 수 있다. 이러한 현실에서 그는 당신 닮은 별 하나에 집중한다. 여기서 당신은 절대적 대상일 것이고 별은 당신과 동일시되는 신앙적 이상이다. 따라서 화자는 세상 끝날까지 나를 지켜볼 당신을 의식하며 당신을 향하여 별을 향하여 눈물과 아픔을 무릅쓰고 걸어가고 있는 것이다. 돌부리에 걸려서 비틀거릴지라도 별이 있는 하늘만 바라보고 가는 것이다. 어두운 밤길이지만 별처럼 빛나는 절대적인 당신, 십자가의 당신을 향하여 당신과 닮은 내 영혼을 위하여 달려가는 것이다. 기독교 신앙은 하늘에서 내려준 진리의 날줄을 타고 하늘에 오르는 것이다. 어두운 지상의 씨줄이 하늘의 날줄과 결합하여 아름다운 구원의 환희를 경험하게 되는 것이다.

어스름한 불빛
두 손 모으고 무릎 꿇었다
허락하신 새로운 날로 인해
빛을 다시 볼 수 있음에
모든 게 감사이다.

내 어머니의 어머니가 그랬던 것처럼
또 내 어머니가 그랬던 것처럼
터진 솔기 박음질하는 마음으로

가슴을 열면
이 하늘과
이 땅 가운데
이름을 부르게 해 주신 기쁨이
순백의 의식으로 젖어든다

높고 낮음이 없으며
무겁고 가벼움이 없는
당신의 눈금
가난의 계절을
풍요의 계절로 이루게 하시는
당신의 뜻이 햇살로 퍼진다.

-「새벽」 전문

어두운 밤길에 하늘의 별, 당신만을 향해 달려간 시간은 마침내 새벽을 맞는다. 이제 어두운 밤의 괴로운 시간을 지나 어스름한 불빛이 보이는 새벽을 맞게 된 것이다. 그것은 그리스도의 십자가와 부활의 은총을 통해서 허락된 새로운 날의 경험이다. 밤에서 새벽으로, 어둠에서 빛으로 전환하는 신앙적 경험은 바로 깨달음이며, 거듭남이며 세상을 바라보는 인식의 대전환이다. 그것은 하늘과 땅의 만남이며 날줄과 씨줄의 만남이다. 거기엔 높고 낮음이 없고, 무겁고 가벼움이 없는 세계, 오직 당신의 빛으로 가득한 세계다.

전영란 시인의 날줄과 씨줄의 시학은 이처럼 하늘과 땅, 하나님과 인간, 그리스도의 사랑과 인간의 고백이 만나는 수직적 관계인식에서 시작하고 있다.

제2부는 '그리움을 베고 눕고 싶은 곳'인데 「고향」에서 시작

하여 「본향가는 길」로 이어지고 있다. 고향이란 제목도 그렇지만 여기에는 아버지, 어머니, 자매, 남편, 향수, 추억 등의 소재들이 배치된 것으로 보아 시적 화자의 고향과 유년 시대와 혈연적인 가족들과의 인연들이 날줄과 씨줄로 얽혀있는 지상의 이야기가 예상된다.

무엇이 그리 바쁜가
어스름한 새벽
붉은 기운을 온 땅에 퍼뜨리며
솟는 해가 묻는다
바람도 쉬어가는
여기 산자락 바위틈에
그리움을 베고
드러눕고 싶은데
바람의 밧줄에 삶을 걸고
거대한 현실에 이끌려
언제나 쫓기듯 다녀가는 고향
시린 가슴 알고 있다는 듯
먼 산 능선에 내리는 안개
하늘과 땅의 경계가 지워지고
명치끝에 매달린
빨간 서러움 하나
세월의 구름 위에 눈시울 젖는다.

－「고향」 전문

고향은 모든 존재들의 연원이고 생명의 뿌리다. 특히 인간에게 있어서 고향은 생명의 탄생은 물론 모든 사고방식의 기틀마저 형성된 곳이기에 고향은 삶의 운명적인 날줄이 되고 있는 것이다.

그러기에 고향을 떠난 모든 삶들은 고향을 연민하고 특히 유년기의 순진무구한 세계와 동일시하면서 향수에 젖는다. 고향은 돌아갈 곳인가. 아니면 영원히 그리워할 대상인가. 더러는 귀향을 하지만 대개는 추억 속에 묻어둔 그리움의 대상이 된다. 이 작품에서도 바쁜 타향살이에서 문득 고향의 붉은 해를 생각하며 산자락 바위틈에 그리움을 베고 눕고 싶다고 하였다. 그러나 그리움은 먼 산 능선에 내리는 안개가 되고 명치끝에 매달린 빨간 서러움 하나로 가슴속에 새겨지는 아련함이 된다. 누구나 고향은 아련한 추억이 된다. 그러나 특히 시적 화자의 경우 남다른 사연이 있다.

나에게 고향은
40년 전에 멈춰 있어 늙을 줄을 모른다

언제나 고향에 가면
지문처럼 지워지지 않는
그 소년이 달려 나와 맞아주고
풍류를 즐기시던 잘생긴 아버지와
쪽진 머리 곱게 빗은 젊은 어머니가
사립문 앞에서 손 흔들고
폐부 깊숙이 스며드는 회한과 연민으로
가슴은 새처럼 파닥거린다.

-「향수」에서

누구에게나 고향은 아름다운 추억으로 남는다. 그리고 그 추억은 각자의 기억 속에 독특한 잔상이 되어 불변하는 상상의 꽃이 된다. 시적 화자는「향수」에서 40년 전의 시간과 공간이 고향이란 사진첩에 묶여 있음을 고백한다. 거기엔 소년과의 이야기가 있고, 아버지와 어머니의 젊은 시간이 있고, 사립문에서 손을 흔드는 그들의 미소가 있다. 고향은 과거의 시간과 공간이다. 다시 돌이킬 수 없는 영역이다. 그럼에도 고향이 그리운 것은 현재의 시간과 공간에서 벗어나고 싶은 욕망 때문이다. 인간은 누구나 현재에 만족할 수 없다. 이때 우리는 과거나 미래에서 만족할 수 있는 세계를 상상하게 된다. 시란 바로 그러한 욕망의 상상적 변형이 될 수 있는데 그중에서도 과거 특히, 어린 시절의 공간이 이상적인 대상이 된다. 그 이유는 바로 가족이 있기 때문이다. 나 홀로 있는 현재의 공간은 외로움이 있다. 그러나 유년 시절 고향엔 나를 사랑해주는 부모가 있고, 함께 웃어주는 형제가 있고, 친구가 있고, 아름다운 자연이 있다. 이는 사랑의 날줄과 씨줄, 서로가 관심을 갖는 관계성이 끈끈하게 얽혀 있는 공간이다. 그래서 마음은 늘 고향으로 달린다.

장마철의 고속도로
우리네 인생길과 같다

세찬 빗줄기 가늘어 지더니
마른땅 나오고
안개의 터널 지나니
밝은 햇살 쏟아진다

산모롱이 돌아 달려가니
푸른 하늘아래
방금 목욕한 산야의
짙은 녹음이 향기롭다

하루도 쉼 없이

본향을 향해 달렸는데
자동차는 아직
인생길 위에 머물러 있고

내 마음 속에 들어와 있는
그리운 나의 아버지
대문 활짝 열어 놓고
환하게 웃으며 두 팔 벌린다.

-「본향 가는 길」 전문

시적 화자는 고향을 본향으로 격상시켰다. 고향이 인간의 육신적 뿌리라면 본향은 보다 형이상의 개념으로 영혼의 고향, 또는 인류의 고향이라고 해야할 것이다. 그만큼 본향은 고향을 보다 철학적이고 신앙적인 개념으로 승화시키고 있는 것이다. 시적 화자는「본향 가는 길」에서 먼저 고향 가는 길을 장마철의 고속도로라 했고, 이를 인생길과 대비하고 있다. 장마철과 인생길을 대비하여 고단한 삶의 여정을 보여주고 있다. 그래도 고향엔 밝은 햇살이 있고, 푸른 하늘과 산야의 녹음이 있다. 따라서 그곳은 그가 꿈꾸는 에덴임에 틀림없다. 그런데 그러한 고향은 아직 도착한 것이 아니다. 하루도 쉼없이 달렸는데 자동차는 아직도 인생길 위에 머물러 있다는 것이다. 이는 단순한 지리적 고향이 아니다. 평생 달린 인생길이다. 그런데 인생길은 아직도 진행 중이다. 바로 화자의 성실한 삶의 과정이다. 그러나 비록 인생길의 과정에 있는 길이기는 하지만 마음속에는 그리운 나의 아버지가 환하게 웃으며 맞아주고 있다. 여기서 나의 아버지는 육신의 아버지일수도 있지만 바로 신앙적인 영혼의 아버지 하나님일수 있다. 그의 지상적인 고향은 이렇게 천상적인 본향의 세계로 승화되면서 시적인 함축적 의미를 내포하게 된다. 이는 시학과 신앙이 씨줄과 날줄로 잘 짜여진 비단이다. 바로 하늘과 땅으로 엮어진 아름다운 비단이다.

제3부 '가슴에 박혔던 이름들'은「귀, 네가 그립다」에서「희망」으로 작품들이 연결되고 있는데 이는 외적인 인연보다 내적인 인연, 자아의 모습을 그려보는 자화상의 언어라고 할 수 있다.

단단히 굳은 석고 속
네가 자리 한 곳은
땅이 아니고 허공이다

갇혀있는 너를 따라
운명처럼
나 또한 수인囚人이다

불현 듯 너와 함께
숨 가쁘게 달려 온 생애
발목 잡혀 버거웠던 지난날이
깨어나 이야기 한다

새벽공기 가늘게 떨 때부터
흰 달이 얼굴 내밀 때까지
오욕과 굶주림의 험한 길도 마다않고
묵묵히 함께 해 왔던 시간들

흐르는 게 삶이라
제대로 뒤돌아보지 못하고
앞만 보고 달려 온 세월

아직도 삶이 서툴러
주인노릇 제대로 못해
눈물 나도록 미안하구나.

-「기브스 속에 있는 발에게」 전문

날줄과 씨줄의 관계 속에서 내가 누구인가를 찾는 것은 자기 정체성에 대한 중요한 작업이 된다.「기브스 속에 있는 발에게」는 그러한 점에서 매우 진지한 인상을 준다. "단단히 굳은 석고 속/ 네가 자리한 곳은/ 땅이 아니고 허공이다" 우선 석고 같은 부자유한 삶의 질곡에서 발이나 자아의 위치는 땅이 아니라 허공이라는 말에 착지하지 못한 삶의 불안한 모습을 발견한다. 이는 "나 또한 수인囚人이다" 라는 말에서 더욱 극명하다. 이는 오욕과 굶주림의 험한 길도 마다않고 앞만 보고 달려온 세월과도 연결된다. 그러나 기브스 한 발과 기브스 한 자아의 삶을 함께 공감하면서 자아를 돌아보는 부정적 자각은 동시에 새로운 긍정을 모색하게 된다. 바로「문門」이 그것이다.

시詩란 공간을 피난처로 삼아
고전 감상에 사로잡힌 시간
어디에도 소속되지 않은 채
며칠 동안 문을 걸고 살았다
몇 십년 만의 한파로
온 땅이 꽁꽁 얼던 날
찬바람만 머물다 간
때 묻은 문을 열었더니
어머님의 기침 소리 돌아오고
아이들 뛰어노는 소리 돌아와
출입 무제한의 자유 속에

식구들 웃음소리 분주하다
들어오지 말라는 문이 아니고
이 세상 따스하게 살라는 문인데
대문도 열고, 시의 문도 열고
내가 가진 문들을 다 열고 싶다
굽은 허리 마지막 힘 다할 때까지
지독하게 꿈꾸는
빈약한 시어의 허기짐 속으로
발가벗은 나무가 바람결에 흔들린다.

-「문門」 전문

기브스 속에 갇혀 있는 허공의 자아는 분명 삶의 주정적 인식이다. 많은 사람들이 그렇게 생각한다. 모든 것이 무상하다는 생각이나 허무하다고 생각하는 것들이 그것이다. 그러나 시적 화자는 시라는 세계의 문을 열면서 또 다른 인생을 발견하게 된다. 몇 십 년만의 한파와 찬바람만 머물다간 때 묻은 문을 열었더니 그러한 부정적 인식의 문을 박차고 상상의 문을 열었더니 그때부터 어머니의 기침소리, 손주들의 뛰노는 소리, 식구들의 웃음소리가 들린다. 내면의 청력이 회복된 것이다. 문이란 모든 것이 출입할 수 있는 통로다. 바로 자유로운 상상의 문이다. 거기에 또 다른 긍정이 있고, 인생이 있고, 가능성이 있고, 무한한 가능성이 있다. 비록 고통이 있고, 시련이 있고, 속박이 있는 세상이지만 문을 열면 또 다른 세계가 있는 것이다.

퍼렇게 멍든 등허리
모진 세월 앞에
다시 곧추세울 수 없어도
뜨거운 열정으로 가슴을 묶으면

어느 곳이든 길이 되는
기쁨의 세상을 만날 수 있으리
세월 소리 거칠다 해도
사납게 창문을 두들기며 지난다 해도
허기졌던 기억의 갈피마다
영혼의 등불 달아 놓고
마지막 웃음만큼은
온 세상 환하도록 밝혀 보리라.

–「희망」에서

그는 시를 통하여 희망을 배운다. 비록 퍼렇게 멍든 등허리를 원상회복은 할 수 없지만 뜨거운 가슴만 있다면 기쁜 세상을 만날 수 있으리라는 희망을 갖는다. 거칠고 사나운 세월이 창문을 두들긴다 해도 허기졌던 기억의 갈피에 영혼의 등불을 달고 마지막 웃음으로 세상을 밝혀본다는 것이다. 이처럼 그의 시는 희망의 대문을 열고 있다.

제4부는 '내 기억 속 환한 웃음'인데 사실은 강화도를 비롯한 국내의 명승지와 뉴질랜드에서 이집트, 이태리, 프랑스 등 유럽과 성지 등을 순례하며 새로운 공간들이 주는 감동을 예리하게 재구성하고 있다.

이처럼 전영란 시인의 이번 시집 『씨줄과 날줄의 인연』은 가로와 세로, 수직과 수평으로 얽혀지는 천상과 지상, 인간과 인간의 관계가 기독교적 신앙의 진지한 고백위에 시적 상상력을 더하여 더욱 아름답게 짜여진 비단길이라고 해야 하겠다.

전영란 시집

씨줄과 날줄의 인연

2012년 3월 10일 인쇄
2012년 3월 15일 발행

지은이 전 영 란
펴낸이 신 용 호
펴낸곳 창조문학사

서울 서대문구 홍은동 397-26 동천아카데미 5층
등록번호 제1-263호
전화 374-9011, Fax 374-5217
공급처 : 한국출판협동조합 전화 716-5616~9
총 판 : 광명 중앙 기독교 백화점
전화 : 02) 896-8900~1

값 8,000원
ISBN 978-89-7734-319-1